सृजन

त्रिलोक कुमार | ओम बाबू

अपने परम पूज्यनीय माता एवं पिता को सादर समर्पित

MAA PAPA

क्रम-सूची

प्रस्तावना

सृजन पुस्तक का नाम है जिसको त्रिलोक कुमार और ओम बाबू ने मिलकर लिखा है ,

सृजन का मतलब ही होता है क्रिएशन कुछ नया इस पुस्तक के बारे में लेखक बताता है की यह पुस्तक कविता का संग्रह है जिसमे कवी अपने अनुभव को साझा करते है और जीवन में कैसे आगे बढे और को अपने जीवन को सफल बनाये इस पुस्तक में सभी प्रकार के कविता है जिसको बहुत म्हणत से लिखा गया है |

और मै अपने पुस्तक के सफलता के कामना करता हु

भूमिका

TRILOK KUMAR

My name is Trilok Kumar and I was born on September 15, 2003. I am an ambitious and accomplished individual with a passion for literature and education. I completed my Diploma in Civil Engineering from Sandip Foundation, where I gained a solid foundation in the principles and practices of the field. However, I realized my true passion lies in the field of literature and education.

Throughout my studies, I have demonstrated a strong commitment to my education and a dedication to excelling in my field. I have received numerous awards and accolades for my academic achievements, including being shortlisted for the Top 100 prodigies from across the World and being selected as a delegate of the Asia World Model United Nations Virtual Conference, 27-29 August 2021.

I am also a certified writer (poet) and have been recognized for my literary talents. I have been officially selected as a participant of various literary events such as 'GWR', 'MBR' and 'WBR'. My name has been approved for NCA 100 Rising Author and Educationist. I have earned a badge from CertiProf and have been selected for India Prime Top 100 Author and Researchers 2022.

I have been selected to join the Future Leaders Model United Nations, to be held from 4th to 7th March 2022 in Istanbul, Turkey. I am also the co-author of several books such as "Euphoria", "Dreams", "Wanderlust", "Mind Maze",

"Royal" and "Poem and Short Stories". I have been selected for International Social Hounerable Award. I have been nominated for Global Citizen Prize: Cisco Youth Leadership Award. I have been selected among 5422 applicants as one of the delegate of Arab Youth International MUN 2022.

I have been shortlisted for BE STAR AWARDS. I have been selected as an eminent personality for 100 powerful personalities 2022 by Glantor X Media. I have achieved 250 e-certificates during the lockdown period. I have been selected for The Leading Attainers Award 2022, organized by JEC Publication. I have been shortlisted for Be Star Award 2022 and I have been selected for Bharat Bhushan Award 2022.

I have been selected as the delegate of Istanbul International Model United Nations which is to be held at Istanbul. I am also a National Book of Records Approved and India Book of Record Holder. I have been nominated and approved for India Top 100 Educators 2022. I am being recommended for an Honorary doctorate by the India Book of Records for my extraordinary achievements.

I have been selected in Harvard Youth YLC Conference 2023. I am also the recipient of the prestigious "राष्ट्रीय रत्न सम्मान - 2022" award for being the youngest writer.

I am currently enrolled in BA part 1 in PDKJ college and I am determined to continue to make a difference in the field of literature and education. My goal is to make a positive impact on the world and to inspire others to achieve their goals and fulfill their potential. I am a firm believer in the power of education and the written word to change lives and make a difference in the world.

instagram id -@trilokkumar30

OM BABU

He is from Math satghara , right now he is the studfent of intermediate from NDJ College Andhrathadhi.

He is a good writer, poet and having knowledge of blog writing . He has a wide range of knowldege of all the prospective field and he is very good in studying .

he has worked as a co-author in this book .

पावती (स्वीकृति)

EVERYONE INSPIRES US TO WRITE SOMETHING OF COURSE TO WRITE THIS BOOK ,

EVERYONE CONTRIBUTED IN THIS BOOK - ALL FAMILY MEMBER,

AND I AM VERY HAPPY THAT THEY ALL ALWAYS READY TO INSPIRES AND HELP TO MOVE FORWARD ,

SPECIAL THANKS TO,

PROFF. DINESH PRASAD ROY

MA, BPSC QUALIFIED,

HOD POL SCIENCE PDKJ COLLEGE, ANDHRATHADHI

THANK YOU ! EVERYONE .

1. जय कैलाशी घर घर वासी

जय कैलाशी घर घर वासी
सिंधु पति महादेवा
आप दुःख हारते हो बाबा
भक्त नित करे सेवा
महादेव महाकाल तुम हो
शिव भी तुम कैलाशी तुम
कालो के महाकाल तुम हो
भक्तो के लिया ढाल तुम हो
ना कोई आदि ना कोई अंत
आप हो बाबा आप हो अनंत
आप अति कृपालु हो
दुस्त के श्रृंघालु हो
जय भूतनाथ जय महादेव
जय संभु नाथ जय शिवशंकर
भांग धतूरा खाते हो
सरीर में भष्म रमाते हो
हाथ में डमरू और त्रिशूल है
गले में सर्प के माला
नंदी के सवारी करते हो
आप हो बड़े निराला
दुस्त से दुस्त जपते है बाबा
आपके नाम के माला
क्युकी आप हे हो बाबा
भक्तो के सच्चे रखवाला

रावण जैसे प्रकांड पण्डित भी
बाबा आपके हे तो भक्त हुए
चंद्र हाश खरग लेखर भी बाबा
आपके सामने नस्मस्तक हुए
हलाहल जैसे विष से आपने
सृष्टि को बचाया
उसी क्षण से नीलकंठ नाम से
भक्तो ने आपको बुलाया
त्रिलोक कुमार

2. माँ शारदे तू विणा

माँ शारदे तू विणा पधारणी है
तू सत्य सावर्णि है
तू ब्रहमचारणी है
तू विणा वादनी है
तू है ज्ञान की देवी
तू है विज्ञान की देवी
तू ही माता है
तू हे भाग्य विधाता है
हम सब है भक्त तुम्हारे
चरणों में करते है प्रणाम
आपने बढ़ाया है , हम सब का मान
जिससे हम कर सके
दुनिया में अपना नाम
आप ज्ञान नहीं सिर्फ विज्ञानं के देवी हो
नहीं संगीत की भी देवी हो
आपसे हे सुर है आपसे हे ताल है
माता ,
संगीत का ये हाल है माता
तभीतू संगीत के पीछे
दुनिया बेहाल है माता
आप ज्ञान की ज्योत जलाते हो
अंधकार को जड़ से मिटाते हो
आप हो ज्ञान की देवी
आप हो विज्ञानं की देवी

जय माँ शारदे भवानी
त्रिलोक कुमार

3. कोरोना

जिसके नाम में है रोना
वही तो है कोरोना
जब ये आया पूरी दुनिया
के सामने एक चुनौती लाया
और सभी देश
को आईना दिखलाया
सर्दी जुकलाम ,
अपना लक्षण है बतलाया
दर तू इतना फैलाया
मानो भगवन शिव ने है
प्रलय लाया
डरना भी जरुरी था
ये कोरोना ने कितनो को
अपनों से अलग करवाया
सबके मुँह पे मास्क लगवा के
६ गज़ के दुरी से बात करना
सिखलाया
जब ये आया सब ने इसका
मज़ाक उड़ाया / बनाया
सब ने अपना अपना थ्योरी
है बतलाया कोई १ दिन ,
कोई २ दिन में चला जाइएगा
"से हमको है समझाया

सृजन

अब बारी थी मोदी की
उसने भारत में जनता cerfwew
लगवा के सबसे थाली पिटवाया
जनता कर्फू के बाद lockdown
का डरावना समय आया
सभी लोग नौकरी को छोड़ जनता कर्फू के बाद
LOCKDOWN का डरावना समय आया
अपने परिवार के पास आने को तरसाया
वह मंज़र भी बहुत
खतरनाक था जिसको
याद कर सबका दिल घबराया
जब हज़ारो के संख्या में लोग
सड़क पर खाना को तरसाया
कई लोगो ने अपने तरफ से
उन तक अपना मदद पहुँचाया
इतना ही नहीं कोरोना
ने कई लोगो के नौकरी भी खाया
कितनो को सड़क पे है लाया
कई देश के जीडीपी को
नेगेटिव में पायुचाया
शेयर मार्किट के सामान
अपना आकड़ा कभी
ऊपर कभी निचे दिखलाया
कोरोना तो आया साथ
में अपने कई सारे रूप
लाया
ये कोरोना , MLA, mp राजनेताओ
दिखलाया
कोरोना वारियर्स के रूप में

doctor , nurse , पुलिस ने देश
में अपना खूब नाम कमाया
त्रिलोक कुमार

• 7 •

doctor , nurse , पुलिस ने देश
में अपना खूब नाम कमाया
त्रिलोक कुमार

4. मिथिला के गाथा

हम है मिथिला के वासी
हम है मधुबनी जिला के निवासी
आज करंगे मिथिला का गुणगान
आज बढ़ाएंगे मिथिला का मान

क्या गाऊ मिथिला के गाथा
यह आने का सबको है अविलाषा
मधुबनी का मिथिला पेंटिंग
बहुत प्रथभ मान है
जो बढ़ता दुनिया में मिथिला का मान है बी
यहाँ गजह गजह पे
मिलता पान और माखन है
घर घर प्रकांड पंडित और
विद्वान है ,
क्या गाउ मिथिला का गाथा
ये हमारा आना बाण और सान है

ये महादेव का उगना अवतरण
अस्थान है ,
ये बाबा साहेब का घर और दालान है
मिथिला से श्री राम चंद्र
भगवन का नाता बहुत
महान है ,
हम है मिथुला के वासी

ये हमारा अभिमान है

महा कवी विद्यापति का रचना
अभी भी विद्यमान है
जिसको सुन महादेव नचला
उनका हे ये कर्मक अस्थान है ,

बहुत घटना हुवा इस धरती पर
जो हमारे लिए स्मृति धरोहर सामान है
हम है मिथिला के वासी
ये हमारा अभिमान है।
त्रिलोक कुमार

अध्याय5

एक है बौआ नहना मुंह
सबसे अच्छा सबसे प्यारा
है वो सरे जग से न्यारा

सबके हाथ से खाना खाता
सबका दिल है वो बहलता
उसका नाम भुन्डुल कहलाता
पिता है उसके जग के रखवाला
महादेव महाकाल डमरूवाला
बाबा दादी का वो प्यारा
सरे जग से है वो न्यारा

सबके आखो का तारा है
कभी इसकी गोद कभी उसकी
गोद बच्चे भगवन का रूप कहेलेते है

अपने परिवार के वह अभिमान है
दुश्मन थार थर कांपे
इतना सब गजह भुन्डुल का नाम है
इसलिये भुन्डुल कबका प्यारा और
परिवार का ाँ बाण और सान है

उसका एक ललकार अर्जुन के गांडीव
के सामान है इस कलयुग का नाश करे

राम के जैसे गुणवान है
महादेव के इस धरती पर वह तेजवान है
त्रिलोक कुमार

6. एकतरफा ही सही

आज हुआ हु एक बार
तुमसे मिलने को बेकरार
सोया नहीं कई रातो से
तेरे यादो में यार

वो दिन भी कितने अच्छे थे
जब हम लगते ब्बहुत सच्चे थे
करते थे बातें चार
कभी न होते थे तकरार

मुझे याद है जब हम मिले थे
एम्बर में फूल खिले थे
मैने तुम्हे बतलाया था
तूने मुझे सुनाया था

हम घुल मिल गए थे से
जैसे घुल जाता है दाल में आचार
अब दिन बदल गए है यार
तुम दूर कहे
माय दूर येह मिलने को हु बेकरार

ये तो बस एक सपना है
नाम मात्रा वो अपना है
बास खयालो में आते है

वापिस चले जाते है
कुछ तो बात है
जो खयालो में आती है
कुछ बताये बिना चले जाती है
प्यार तो आखिर प्यार है
मिलने को बेक़रार है
त्रिलोक कुमार

7. खून खौल जाता है

खून खौल जाता है
जब देश का कोई अपमान करे
खून खौल जाता है जब
वीरो का कोई न सम्मान करे
बहुतो ने आज़ादी के
खातिर अपना लघु बहाया है
कितनो ने फांसी को चूमा
कितनो ने गोलियाँ खाया है

तब जेक हमने ये चैन के
नींद पाया है
हम कदर करे उन् वीरो का
हम सामान करे उन वीरो का
जिन्होंने सर्वस गवा के
हमे ये सम्मान दिलाया है

तब जाकर कहे अपना
गर्व से सर उठाया है
हमे अलख जलना है
राष्ट्र प्रेम दिखलाना है
उन् महान वीरो का बलिदान
न व्यर्थ हो
दुश्मन कहे कोई हो
अपना प्रहार पास्ट हो

भारत माँ के वीर सिपाही हम
करते आपका सम्मान
आपने बढ़ाया हुई हम सबका मान

कुछ सपने देखे थे वीरो ने
"से राष्ट्र बनाना है
कोई न हो दुश्मन सबको
अपना बतलाना है
कुछ भ्रस्ट्रा लोगो नई मिलके
सपने को अपमान किया
हम लोगो =ने भी मिलके
उनको है नकार दिया

खून खौल जाता है जब
देश का क्लोई अपमान करे
जब वीरो का कोई न सम्मान करे
त्रिलोक कुमार

8. विघ्नहर्ता

आप है विघ्नहर्ता
आप है मंगल करता
आप हे गणपति हो
आप हे रिद्धि सिद्धि पति हो

आप दुःख हरते हो
आप मंगल करते हो
आप पारवती नंदन
आपका हम करते है वंन्दन

क्या गाव आपके गाथा
आपका महिमा अपरम्पार
है हो विधाता
मुस्का पैर आरूढ़ होते हो
प्रथम पूजा आपका करते है
हे गौरी नंदन हे गणपति
आपके पास ज्ञान उतना कुवेर
के पास नहीं है सम्पति
अज्ञानी को ज्ञान देते हो
ज्ञानिओ को सम्मान देते हो
जय हो आपके गणपति
जय हो आपके गणपति
त्रिलोक कुमार

9. किताब

किताब करती है
संसार कि बाते
ज्ञान कि बाते आगे
बढने कि बाते किताब
करती हैं अपने-आप में
साहस रखने कि बाते
बीते जवानों कि बाते इतिहास
रचने वालों कि बाते
किया तुम नहीं सुनोगे किताबे
कि बाते
किताबे करती है
दिल कि बाते दिमाग कि बाते
वीरों कि बाते आजादी कि
किया तुम नही सुनोगे किताबे
कि बाते
फौजी कि बाते इस देश को अखंड
भारत बनाने कि बाते जैसे
गद्दारों को हटाने कि बाते
हज़ारों रुपए कि कोट पहनकर
अपने को फकिर बताने वाले
को किया तुम इस दुश्मन
कि पकडने कि बाते
किया तुम नहीं सुनोगे किताबो कि
बाते

कवि श्री om babu

10. रविवार

रविवार आया रविवार आया
अपने साथ सूतीया लाया
बच्चे खेल-खेल कर अपना
अपने साथ मस्ती लाया
बच्चे सूती में कभी इधर
कभी उधर खेल-खेलकर
अपने साथ सभी को मन
बहलाया
रविवार आया रविवार आया
रविवार के दिन
बच्चों ने पूरे आँगन में
खुशियाँ फैलाया बचे
मौज मस्ती करके पूरे
बागो को महकाया
रविवार आया रविवार आया
OM BABU

11. कर्ण के गाथा

कर्ण था सबसे बड़ा दानवीर
जिसका गुरु था प्रसूराम
परीक्षा में मिला था उसे सराप
जिसके कारण अर्जुन और कर्ण
में हुआ था युद्ध इसी बीच कर्ण
का फसा था रथ अर्जुन ने श्री
कृष्ण के कहने पे चलाया था
बान श्रापित होने के कारण
गया था उसका प्राण
कर्ण था सबसे बड़ा दानवीर
कर्ण था सबसे बड़ा धनुर्धर सूत्र
कहलाता था
सूर्य के समान वह तेज वान था
मामा शकुनी के कहने पर
दुर्योधन ने कर्ण को मित्र बनाया था
और जीवन भर कर्ण का फायदा
उठाया था
पुत्र था वह कुंती का सूत्र पुत्र कहलाया
था कर्ण भी छला गया था उस समय
कर्ण को तो पता हि नहीं था
कि दुर्योधन उसका फायदा
उठाएगा और अपने भाइयों से
खुद लगवाएगा कर्ण भी कैसे
मना करता बचन को जो पका था

OM BABU

12. अभीमन्यु

बाल्य काल से जो
अस्त्र शस्त्र सीखकर
बड़ा हुआ वही तो
अभिमन्यु कहलाया
था
अपने माता के गर्भ में
सीखा था चक्रव्यूह तोड़ने का
बिंदिया
ये बिंदिया आए थे
उसे चक्रव्यूह तोड़ने
में काम जो अकेला
चक्रव्यूह में घुस कर
सात - सात महारथियों
को धूल चताया था
वही तो सुभद्रा और
अर्जुन पुत्र अभिमन्यु
कहलाया था
OM BABU

13. Hope gives you Hope

Hope gives you hook
more then anything
what you look
when you move like a gun (bullet)
when you earn like Elon
your enemy gonna burn like a sun
if UPSE is a dream there is a way
choose a path and move on that way
it prevent you from decay
if not created hope create today
it is applicable on all the way
one sided lover also gives you hope
but never put on the top
why he refuses me
what i have done
maybe welfare for your fun
remeber simply if you have Hope
no need of other soap
it always gives you motivation behined your situatuiion

...

trilok kumar

14. इम्तहान का दिन

हमारे देश पर आच आया है
चलो हमारे इम्तहान का दिन लाया है
यहि सहि मौक़ा आया है
गुलामी मे हुए उन महान योद्धाओं का
प्रतिकार लेने का समय आया है
अब हमारा कर्ज चुकाने बारी आया है
हमारे देश पर आच आया है
चलो भारत वीरों हम सब अपनी ताकत
का अनुमान उन दुश्मनों को लगवाना है
अब बहुत चैन का नींद सो लिया
अब हमे भारत माँ की रक्षा करने जाना हैं
हमारे देश पर आच आया है
बलिदान हुआ है
इस धरती पे कितनों ने लहू बहाया और
कितनों ने गोलियां खाया है
अब हमें उन दुश्मनों को सबक सिखाना है
भारत माँ कि सम्मान का प्रसन्न उठा है
अब हमें लोकतंत्र को सर्वोपरि बनाना है
चलो हमारे देश पर आच आया है
चलो हमारे इम्तहान का दिन आया है
OM BABU

15. LIFE WANNA RICH

Life wanna rich
but i am not rich
but i gonna teach
how to become rich
same same , here here ,
there there were were
if there is a will
teher is a way
it may it may
like a day it gonna
bright your way
if you gonna say it may it may
i know how to say it gonna change your way
oh! god what to say
if UPSC is the dream there is a way
i must now to say
it is benificial for your day
it prevent it from decay ...
heyy still wanna learn
it gives you fun
whatever you have done
like a sun your enemy gonns burn
still didnt see your way
it may spoil your way

now focus on your aim and
say it may , it may .
at any stage study is the bse
money gives you fame
but study is not same
and google your name
it will on the tiop its your hope..
trilok kumar

About Author And Co Author

Appreciation Confirmation_ India Book of Records Inbox

 **Record Confirmation** 11:13 am
to me, neerja, ibr ⌄

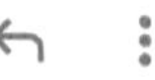

Dear Trilok Kumar,

Application ID: 67558

Greetings from India Book of Records!

Congratulations, your claim has been finalized as a titled, *'Appreciation'* under India Book of Records.
We appreciate the effort and patience shown by you. Your skills have been acknowledged and as per the verification done by the Editorial Board of 'India Book of Records', only the **best** has been selected and approved by us.

The title and content have been created as per our verification and are given below. The title and content have been framed in accordance with the set protocols of record writing after an extensive investigation involving meticulous verification of the evidence and Book Records Database with no scope for discrepancies. Therefore, changes with the category, title, and description matter will not be considered, also since the record is exclusive, therefore, the names of other participants/supporters/parents/friends will not be included in an individual's record.

TITLE & DESCRIPTION

Appreciation
Trilok Kumar (born on September 15, 2003) of Madhubani, Bihar, is appreciated for being selected to join the Best Diplomats United Nations Simulation Conference Crafting Future Leaders in the Post-Pandemic Era from August 19-22, 2022 in Istanbul (Turkey) at the age of 18 years and 11 months, as

INDIA BOOK OF RECORD - TRILOK KUMAR IS RECORD HOLDER

Trilok Kumar

trilok kumar SRP

read more about trilok kumar on google - search
on   Google   -   trilok   kumar   thought
www.trilokkumarthought.com
or trilok kumar quotes .
for collabration mail - trilokk565@gmail.com

Om Babu

OM BABU

om babu